Eldrid Hågård Aas

Uregelmessige substantiver i norsk
Norwegian Irregular Nouns
Norwegische unregelmäßige Substantive

Eldrid Hågård Aas

Uregelmessige substantiver i norsk

Norwegian Irregular Nouns

Norwegische unregelmäßige Substantive

Bibliographische Information der Deutschen Nationalbibliothek:
Die Deutsche Nationalbibliothek verzeichnet diese Publikation in der Deutschen Nationalbibliografie; detaillierte bibliografische Daten sind im Internet über www.dnb.de abrufbar.

Herstellung und Verlag:
BoD - Books on Demand, Norderstedt
ISBN: 9783734733130

Innhold

Forord

I den lille boka du nå holder i hånden, finner du en oversikt over alle uregelmessige substantiver som finnes i norsk (bokmål). Mange av disse er ofte i bruk – allerede i den første setningen av forordet var det to, nemlig *bok* og *hånd*! Andre substantiver i boka er nærmest ukjente, også for nordmenn.

Boka består av to hoveddeler i tillegg til en omfattende ressurs- og forklaringsdel på de siste sidene. Første del, «Tabell: Uregelmessige substantiver i norsk», lister opp alle substantivene som behandles i boka i en hendig oversikt. I den andre delen, «Mer om substantivene», finner man mer om betydningen og bruken av dem.

På slutten av boka er det en del nyttige tips å ta med seg, blant annet: Hva er et regelmessig substantiv og hvordan bøyes det? Hvilke «regelmessige uregelmessigheter» er ikke tatt med i tabellene i boka? Hvordan kan man vite hvilket kjønn et substantiv har? Hva betyr alle de grammatiske begrepene som er brukt i boka? Mange av disse tipsene kan være spesielt nyttige for dem som lærer norsk som fremmedspråk.

Preface / Information in English

This little book contains a comprehensive collection of irregular nouns in Norwegian Bokmål. Many of the nouns are in common use. Others are hardly ever used, some of which are barely even known to Norwegians.

The book consists of two main parts as well as an appendix that includes some useful tips. The first main part, **"Tabell: Uregelmessige substantiver i norsk"**, provides a handy inflection table. The second main part, **"Mer om substantivene"**, displays the meaning and the usage of each noun.

On the last pages of the book there are some tips which might be useful, especially for non-native speakers, for instance: What is a regular noun; how is it inflected? Which "regular irregularities" are not contained in the tables? How can I determine the grammatical gender of a Norwegian noun? What is the meaning of all the grammatical terms used in the book?

Apart from the English and German translations in the chapter "Mer om substantivene", all explanations are provided in Norwegian. However, some features of the book are summarised below.

- The compilation covers the irregular nouns in Norwegian Bokmål. The other Norwegian written language, Nynorsk, which is less widespread, is not discussed here. A noun is considered "irregular" when its inflection does not match the one described in → **Regelmessig bøyning** p. 47. Some large groups of irregular nouns that are too large for the table are discussed in the paragraph of "regular irregularities", → **Regelmessige uregelmessigheter** p. 48.

"Tabell: Uregelmessige substantiver i norsk"
- Nouns and noun forms that are hardly ever used in written Bokmål are listed in grey.
- All irregularities within the words are written in **bold types**.

- Nouns marked with an * asterisk are regular in their most common use. They also have, however, more rarely used forms that are irregular.

"Mer om substantivene"
- The listed meanings of the nouns are the most common ones only. For a more comprehensive list of the range of use of the nouns, see *Bokmålsordboka*: http://www.nob-ordbok.uio.no.
- The inflections and meanings of the so-called **lignende ord** (similar words) differ from the listed irregular noun. In most cases the *lignende ord* is another noun, but may also be a verb, an adjective or an adverb.

Appendix
- The paragraph **"Hvilket kjønn har substantivet?"** p. 52 is an additional service for non-native users of Norwegian. It contains some tips for choosing the right grammatical gender. Most of the nouns described in the paragraph are regular; a few belong to one of the groups of regular irregularities (e.g. nouns on -dom on p. 52 are part of the group -m on p. 50).
- Do also have a look at the paragraph **"Forklaringer og utdypninger"** p. 55. It contains not only definitions, but also some helpful facts and tips for the use of the book and the Norwegian language, e.g. **stilnivåer** (levels of style, p. 57), **uregelmessige substantiver** (irregular nouns, what characterises them? → p. 58).

Vorwort / Hinweise auf Deutsch

Sie finden in diesem kleinen Buch eine vollständige Sammlung der unregelmäßigen Substantive im Norwegischen (Bokmål). Viele dieser Substantive werden häufig gebraucht. Andere sind jedoch selten, einige davon sind sogar unter den Norwegern kaum bekannt.

Das Buch besteht aus zwei Hauptteilen sowie einem Anhang mit nützlichen Ratschlägen. Der erste Hauptteil, „Tabell: Uregelmessige substantiver i norsk", bietet eine handliche Flexionstabelle. Der zweite Hauptteil, „Mer om substantivene", beinhaltet Angaben zur Bedeutung und Verwendung der Substantive.

Auf den letzten Seiten des Buches befinden sich einige Hinweise, die besonders für Nicht-MuttersprachlerInnen nützlich sind. Beispiele: Was ist ein regelmäßiges Substantiv, wie wird es gebeugt? Welche „regelmäßige Unregelmäßigkeiten" sind nicht in der Tabelle enthalten? Wie kann ich das grammatische Geschlecht eines norwegischen Substantivs wissen? Was bedeuten die grammatischen Begriffe im Buch?

Bis auf die englischen und deutschen Übersetzungen im Kapitel „Mer om substantivene" sind alle Ausführungen auf Norwegisch. Im Folgenden seien jedoch ein paar Hinweise auf Deutsch aufgeführt:

- Die Übersicht behandelt die unregelmäßigen Substantive im norwegischen Bokmål. Nynorsk, die weniger verbreitete norwegische Schriftsprache, ist nicht repräsentiert. Mit „unregelmäßig" sind hier sämtliche Substantive gemeint, deren Flexion nicht vollständig mit jener übereinstimmt, die unter → **Regelmessig bøyning** S. 47 beschrieben ist. Einige größere Kategorien von unregelmäßigen Substantiven sind nur im Abschnitt → **Regelmessige uregelmessigheter** S. 48 besprochen.

10

„Tabell: Uregelmessige substantiver i norsk"

- Substantive und Substantivformen, die im schriftlichen Bokmål nur selten verwendet werden, sind in grauer Schrift aufgeführt.
- Alle Unregelmäßigkeiten sind in **fetter Schrift** markiert.
- Substantive mit einem * Stern sind im üblichsten Sprachgebrauch regelmäßig. Sie haben jedoch alternative unregelmäßige Flexionsformen, die seltener verwendet werden.

„Mer om substantivene"

- In der Regel sind nur die üblichsten Bedeutungen des Substantivs aufgeführt. Für eine ausführlichere Aufstellung der Anwendung der einzelnen Substantive empfiehlt sich *Bokmålsordboka*: http://www.nob-ordbok.uio.no.
- Flexion und Bedeutung der **lignende ord** (ähnlichen Wörter) unterscheiden sich vom aufgeführten unregelmäßigen Substantiv. In der Regel handelt es sich um ein anderes Substantiv, aber die Kategorie umfasst auch Verben, Adjektive und Adverbien.

Anhang

- Der Abschnitt **„Hvilket kjønn har substantivet?"** S. 52 ist eine Zusatzleistung für Nicht-Muttersprachler, da er einige Hinweise für die Wahl des richtigen grammatischen Geschlechts bietet. Die meisten Substantive in diesem Abschnitt sind regelmäßig; einige wenige gehören zu den Gruppen der regelmäßigen Unregelmäßigkeiten. (Substantive auf -*dom*, S. 52 sind beispielsweise Teil der Gruppe -*m* auf S. 50 .)
- Schauen Sie sich auch den Abschnitt **„Forklaringer og utdypninger"** S. 55 an. Hier sind nicht nur Definitionen enthalten, sondern auch hilfreiche Fakten und Hinweise zur Nutzung des Buches und der norwegischen Sprache, z.B. **stilnivåer** (Stilniveaus, S. 57), **uregelmessige substantiver** (unregelmäßige Substantive, was kennzeichnet sie? → S. 58).

Tabell: Uregelmessige substantiver i norsk

Substantiver eller bøyningsformer som er sjeldne i skriftlig bokmål, har grå skrift. Alt med **fet skrift** er uregelmessig på en eller annen måte. Substantiver som er markert med * stjerne er regelmessige i vanlig bruk, men de har alternative, sjeldnere former som er uregelmessige. Se også side 56 for mer om grå skrift, og side 47 og 58 for mer om regelmessige og uregelmessige substantiver.

Sg. ubest.	Sg. best.	Pl. ubest.	Pl. best.
en/ei alen	alenen, al**na**	alner, **alen**	alnene
en/ei and	anden, anda	ender	endene
* et ball	ballet	ball, baller	ballene, balla
en binders	bindersen	**binders,** binderser	bindersene
et blad	bladet	blad, blad**er**	bladene, blada
en/ei bok	boken, boka	bøker	bøkene
en bonde	bonden	bønder	bøndene
* et bord	bordet	bord, border	bordene, borda
en/ei bot	boten, bota	bøter	bøtene
* et brev	brevet	brev, brever	brevene, breva
en broder	broderen	**brødre**	brødrene
en/ei brok	broken, broka	brøker	brøkene
en bror	broren	**brødre**	brødrene

Sg. ubest.	Sg. best.	Pl. ubest.	Pl. best.
et bryst	brystet	bryst, bryst**er**	brystene, brysta
en/ei bråk	bråken, bråka	bræker	brækene
en chips	chipsen	**chips**	chipsene
en/et data	dataen, dataet	**data**	dataene
en/ei datter	datteren, dattera	**døtre**, døtrer	**døtrene**
en dollar	dollaren	**dollar**	dollarene
en/et drops	dropsen, dropset	**drops**	dropsene, dropsa
en fader	faderen	**fedre**	**fedr**ene
en fan	fanen	fan**s**	fanene
en far	faren	**fedre**	**fedr**ene
* et fat	fatet	fat, fater	fatene, fata
en feil	feilen	**feil**	feilene, feila
en/ei fjær, fjør	fjæren, fjæra, fjøren, fjøra	**fjær**, fjærer, **fjør**, fjører	**fjær**ene, fjørene
* en/et fjøs	fjøsen, **fjøset**	**fjøs**	fjøsene, fjøsa
en/ei flo	floen, floa	floer, flør	floene, flørne
ei/et flo	floa, floet	floer, flør	floene, flørne, floa
en/ei flå	flåen, flåa	flåer, flær	flåene, flærne
et forkle	forkleet	forkl**ær**	forkl**ær**ne
en fot	foten	**føtter**	**føtt**ene

Sg. ubest.	Sg. best.	Pl. ubest.	Pl. best.
en franc	francen	**franc**	francene
en/et genus	genusen, genuset	**genus,** gen**era**	genusene, gen**era**ene, genusa
en/et glipp, glepp	glippen, glippet, gleppen, gleppet	**glipp,** glepp	glippene, glippa, gleppene, gleppa
en/ei glo	gloen, gloa	gl**ør**	gl**ør**ne
* et gods	godset	gods, godser	godsene, godsa
en/ei gås	gåsen, gåsa	**gjess,** gjæser	**gjess**ene, gjæsene
ei hand	handa	hender	hendene
et handkle	handkleet	handkl**ær**	handkl**ær**ne
en hov	hoven	hover, h**øv**er	hovene, h**øv**ene
en hovedstad	hovedstaden	hovedst**e**der	hovedst**e**dene
en/ei hånd	hånden, hånda	hender	hendene
et håndkle	håndkleet	håndkl**ær**	håndkl**ær**ne
en jeans	jeansen	**jeans**	jeansene
en jotun	jotnen, jotunen	jotner	jotnene
en kart	karten	**kart,** karter	kartene
* et kart	kartet	kart, karter	kartene, karta

15

Sg. ubest.	Sg. best.	Pl. ubest.	Pl. best.
en kasus	kasusen	**kasus,** kasuser	kasusene
et kasus	kasuset	**kasus**	kasusene, kasusa
* et kinn	kinnet	kinn, kinner	kinnene, kinna
en kjeks	kjeksen	**kjeks**	kjeksene
en/et klikk	klikken, klikket	**klikk,** klikker	klikkene, klikka
en/ei klo	kloen, kloa	klør	klørne
et kne	kneet	knær, kne	knærne, knea
en/et knekk	knekken, knekket	**knekk**	knekkene, knekka
en kollega	kollegaen	kollegaer, kolleger	kollegaene, kollegene
en konto	kontoen	kontoer, konti	kontoene, kontiene
en/ei kraft	kraften, krafta	krefter	kreftene
en/et krasj	krasjen, krasjet	**krasj**	krasjene, krasja
en kreps	krepsen	**kreps,** krepser	krepsene
en/ei krå	kråen, kråa	krær	krærne
en/ei ku	kuen, kua	kuer, kyr	kuene, kyrne
* et kurs	kurset	kurs, kurser	kursene, kursa

16

Sg. ubest.	Sg. best.	Pl. ubest.	Pl. best.
et leksikon	leksikonet	leksika, leksikon, leksikoner	leksikaene, leksikonene, leksikona
et lem	lemmet	lemmer	lemmene, lemma
en/ei lus	lusen, lusa	**lus**	lusene
* en lyd	lyden	lyder, lyd	lydene
ei låg	låga	læger	lægene
en mann	mannen	**menn**	mennene
en/ei mark	marken, marka	merker	merkene
en maur	mauren	**maur**	maurene
en/ei mil	milen, mila	**mil**	milene
en moder	moderen	**mødre,** mødrer	**mødrene**
en modus	modusen	moduser, modi	modusene, modiene
en/ei mor	moren, mora	**mødre,** mødrer	**mødrene**
en/ei mus	musen, musa	**mus**	musene
en mygg	myggen	**mygg**	myggene
en/et møll	møllen, møllet	**møll**	møllene, mølla
en/ei natt	natten, natta	netter	nettene
en/et nikk	nikken, nikket	**nikk**	nikkene, nikka

Sg. ubest.	Sg. best.	Pl. ubest.	Pl. best.
en/ei not	noten, nota	nøter	nøtene
en/et nys	nysen, nyset	**nys**	nysene, nysa
en odds	oddsen	**odds**	oddsene
et omen	omenet	om**ina**, omen, omener	om**ina**ene, omenene, omena
et opus	opuset	**opus**	opusene, opusa
en peso	pesoen	**peso**, peso**s**	pesoene
en prosent	prosenten	**prosent**, prosenter	prosentene
en pumps	pumpsen	**pumps**	pumpsene
en radius	radiusen, radien	radier	radiene
en/ei rand	randen, randa	render	rendene
en/ei ro	roen, roa	roer, rør	roene, rørne
ei rong	ronga	renger	rengene
en/ei rot	roten, rota	**røtter**	**røttene**
en russ	russen	**russ**	russene
en/ei rå	råen, råa	rær	rærne
et salt	saltet	salter	saltene, salta
en shorts	shortsen	**shorts**, shortser	shortsene
en/ei sild	silden, silda	**sild**, silder	sildene

18

Sg. ubest.	Sg. best.	Pl. ubest.	Pl. best.
* et skaft	skaftet	skaft, skafter	skaftene, skafta
en/ei ski	skien, skia	**ski**, skier	skiene, skia
en sko	skoen	**sko**	skoene, skoa
en/et skratt	skratten, skrattet	**skratt**	skrattene, skratta
en/et skrell	skrellen, skrellet	**skrell**	skrellene, skrella
et skrift	skriftet	skrift, skrifter	skriftene, skrifta
ei skåk	skåka	skjæker	skjækene
en slide	sliden	slides	slidesene
en/et slyng	slyngen, slynget	**slyng**	slyngene, slynga
en solo	soloen	soloer, soli	soloene, soliene
en stad	staden	steder	stedene
en stand	standen	stender	stendene
en/ei stang	stangen, stanga	stenger	stengene
et sted	stedet	steder	stedene
en stimulus	stimulusen	stimuli	stimuliene
en/ei strand	stranden, stranda	strender	strendene
et syn	synet	syn, syner	synene, syna

Sg. ubest.	Sg. best.	Pl. ubest.	Pl. best.
et søsken	søskenet	**søsken**	søsknene, søskena
en/ei tang	tangen, tanga	tenger	tengene
en tanks	tanksen	**tanks,** tankser	tanksene
en/ei tann	tannen, tanna	tenner	tennene
en ting	tingen	**ting**	tingene, tinga
et tre	treet	**trær,** tre	**trærne,** trea
en tvil	tvilen	**tvil**	tvilene
et tørkle	tørkleet	**tørklær**	tørklærne
en/ei tå	tåen, tåa	**tær**	tærne
en/ei tåg	tågen, tåga	tæger	tægene
en tått	tåtten	tåtter, tætter	tåttene, tættene
en velt	velten	**velt,** velter	veltene
* et verb	verbet	verb, verber	verbene, verba
et verk	verket	verk, verker	verkene, verka
et våpen	våpenet	**våpen**	våpnene, våpna
en yngel	yngelen	**yngel**	ynglene
en øl	ølen	**øl**	ølene
en/et øre	øren, øret	**øre**	ørene

Sg. ubest.	Sg. best.	Pl. ubest.	Pl. best.
et øye	øyet	**øyne,** øyer	**øynene,** øyene, øya
et åkle	åkleet	**åklær**	**åklærne**
en ås	åsen	**æser**	**æsene**

Mer om substantivene

I dette kapittelet gis nærmere opplysninger om hvert substantiv
på denne måten:

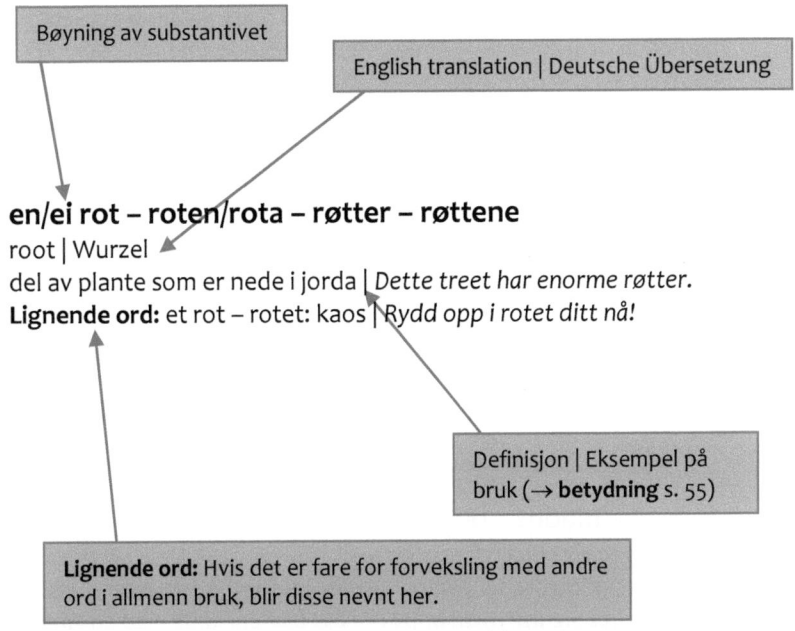

Bøyning av substantivet

English translation | Deutsche Übersetzung

en/ei rot – roten/rota – røtter – røttene
root | Wurzel
del av plante som er nede i jorda | *Dette treet har enorme røtter.*
Lignende ord: et rot – rotet: kaos | *Rydd opp i rotet ditt nå!*

Definisjon | Eksempel på
bruk (→ **betydning** s. 55)

Lignende ord: Hvis det er fare for forveksling med andre
ord i allmenn bruk, blir disse nevnt her.

en/ei alen – alenen/alna – alner/alen – alnene
approx. two feet (unit of length, archaic) | Elle (Längen-maßeinheit, veraltet)
lengdemål (foreldet), 62,75 cm | *Den gamle domkirken i Tromsø var seks alen høy.*

en/ei and – anden/anda – ender – endene
duck | Ente
svømmefugl | *Hver søndag gikk Erna for å mate endene i parken.*
Lignende ord: en ende – enden – ender – endene: slutt | *Når enden er god, er allting godt.*

et ball – ballet – ball/baller – ballene/balla
ball | Ball
finere dansefest | *Da jeg var ung, gikk jeg alltid på ball i romjulen.*
Lignende ord: en ball – ballen – baller – ballene: kule til å leke/spille med | *Jeg elsker å leke med ball med barnebarnet mitt.*

en binders – bindersen – binders/binderser – bindersene
paper clip | Büroklammer
papirklemme | *Stemmer det egentlig at bindersen er en norsk oppfinnelse?*

et blad – bladet – blad/blader – bladene/blada
leaf; magazine | Blatt; Illustrierte
1. grønn, flat plantedel | *Nå har bladene begynt å falle av trærne.*
2. tidsskrift | *Sigurd! Rydd opp i Donald-bladene dine med en gang!*

en/ei bok – boken/boka – bøker – bøkene
book | Buch
samling ark som er innbundet eller heftet sammen | *Vi har ikke for mange bøker, vi må bare kjøpe flere bokhyller. Og et større hus.*
Lignende ord: en bøk – bøken – bøker – bøkene: tre (fagus sylvatica) | *Midt i parken står en flott, gammel bøk.*

en bonde – bonden – bønder – bøndene
farmer | Bauer/Bäuerin
gårdbruker | *Lønner det seg å være bonde i Norge?*

et bord – bordet – bord/border – bordene/borda
table | Tisch
møbel med vannrett plate | *Stua var enkelt møblert med en sofa, et bord og en enorm tv.*
Lignende ord: en bord – borden – border – bordene: pyntekant | *Sy på en pen bord, så blir skjørtet som nytt.*

en/ei bot – boten/bota – bøter – bøtene
fine; patch | Geldbuße; Flicken
1. pengestraff | *Martin kjørte i 85 kilometer i timen i 60-sonen og fikk en kjempebot.*
2. stoffbit for å reparere klær | *Femåringen hadde bøter på begge bukseknærne.*

et brev – brevet – brev/brever – brevene/breva
letter | Brief
skriftlig melding i konvolutt | *Mons og Mina skriver lange brev til julenissen hvert år.*

en broder – broderen – brødre – brødrene
brother (in a religious order) | Bruder (in einem Orden)
medlem av munkeorden | *Broder Fransiskus var ansvarlig for urtehagen i klosteret.*
Lignende ord: → bror

en/ei brok – broken/broka – brøker – brøkene
trousers | Hose
bukse | *Han ga bort broka si til tiggeren.*
Lignende ord: en brøk – brøken – brøker – brøkene: matematisk uttrykk | *¾ er en brøk.*

en bror – broren – brødre – brødrene
brother | Bruder
gutt/mann med samme foreldre som en selv | *Mari krangler ofte*
med broren sin når de bygger lego sammen.
Lignende ord: →᛭ broder

et bryst – brystet – bryst/bryster – brystene/brysta
breast | Brust
del av kroppen mellom hals og mage | *Store bryster kan gi*
ryggproblemer.

en/ei bråk – bråken/bråka – bræker – brækene
device for producing flax or hemp fibre | Hilfsmittel in der Flachs-
oder Hanffasergewinnung
redskap som brukes i produksjon av lin eller hamp fra plante til
tekstilfiber | *Bestemor hadde ei bråk, og noen ganger fikk jeg se*
henne bråke lin.
Lignende ord: et bråk – bråket: larm | *Det var så mye bråk utenfor*
hotellet at vi ikke fikk sove hele ferien.

en chips – chipsen – chips – chipsene
crisp | Kartoffelchip
potetgull | *En boks øl, en pose chips og fotball på tv – livet er herlig.*
Lignende ord: en chip (ikke offisielt ord på norsk): elektronisk
brikke | *Kredittkortet mitt har en innebygd chip.*

en/et data – dataen/dataet – data – dataene
data; computer, computer technology | Daten;
Computer(-technik)
1. informasjon | *Her har jeg samlet mange interessante data om*
   været i Bergen de siste fem årene.
2. kortord for datateknologi og datamaskin | *Jeg vil så gjerne*
   skanne de gamle negativene mine for å få dem over på data.

26

en/ei datter – datteren/dattera – døtre/døtrer – døtrene
daughter | Tochter
en persons barn av hunkjønn | *Til nå har de fire døtre og en sønn.*

en dollar – dollaren – dollar – dollarene
dollar | Dollar
myntenhet blant annet i USA | *Hva er kursen på australske dollar?*

en/et drops – dropsen/dropset – drops – dropsene/dropsa
drop, hard candy | Bonbon
sukkertøy | *Tante Hilda hadde alltid kamferdrops i skuffen sin.*

en fader – faderen – fedre – fedrene
God, Catholic priest, monk; father (ceremonious or jocular) | Gott, Priester, Mönch; Vater (gehoben oder humoristisch)
1. Gud; katolsk prest; munk | *Fader vår, du som er i himmelen!*
2.(høytidelig eller spøkefullt:) far | *Einar Gerhardsen ble kalt «landsfaderen».*
Lignende ord: → far

en fan – fanen – fans – fanene
fan | Fan
tilhenger, beundrer | *Tone er bare seks år, men en av Rolling Stones' største fans.*
Lignende ord: en fan (ubøyelig): faen, djevelen (i kraftuttrykk) | *Jeg vil for fan ikke reise på ferie med svigermor!*

en far – faren – fedre – fedrene
father | Vater
pappa, mannlig forelder | *Karoline har to fedre.*
Lignende ord:
· → fader
· et far – faret – far – farene/fara: spor | *I snøen så vi ferske far etter en hare.*

et fat – fatet – fat/fater – fatene/fata
platter; barrel | Schale; Fass
1. (mest flat) skål | *Kan du gi meg fatet med grønnsaker, er du snill?*
2. tønne | *Hvor mange fat olje eksporterte Norge i fjor?*

en feil – feilen – feil – feilene/feila
mistake | Fehler
noe som ikke er riktig | *Werner hadde tolv feil på norskprøven.*

en/ei fjær – fjæren/fjæra – fjær/fjærer – fjærene
en/ei fjør – fjøren/fjøra – fjør/fjører – fjørene
feather; spring | Feder
1. fuglers kroppsbekledning | *Hva slags fugl har gule og blå fjær?*
2. elastisk (spiral-)konstruksjon av metall | *Den gamle bilen hadde
   så dårlige fjærer at kjøreturen ble et mareritt.*
I betydning 1. brukes som regel flertallsformen *fjær*, i betydning 2.
som regel *fjærer*.
Lignende ord: en/ei fjære – fjæren/fjæra – fjærer – fjærene (og
en/ei fjøre; samme bøyning): lavvann; del av stranda som er tørr
ved lavvann | *Når det er fjære, kan vi finne mange rare ting i fjæra.*

en/et fjøs – fjøsen/fjøset – fjøs – fjøsene/fjøsa
shed | Stall
bygning for husdyr (ku, geit, sau) | *De har et moderne fjøs med
melkerobot.*

en/ei flo – floen/floa – floer/flør – floene/flørne
horizontal layer | horizontale Schicht
horisontalt lag | *Når kornbandene var tørre, ble de lagt i floer inne
på låven.*
Lignende ord:
· → ei/et flo
· en/ei flo – floen/floa – floer – floene: høyvann | *Tidevanns-
  tabellen viser når det er flo og fjære.*

ei/et flo – floa/floet – floer/flør – floene/flørne/floa

cloudburst, thundershower | starker Regenschauer, Gewitterregen

sterk regnbyge | «*Kan du hjelpe meg med kryssordet? Hva er 'styrtregn' på tre bokstaver?*» «*Flo.*»

Lignende ord: → en/ei flo

en/ei flå – flåen/flåa – flåer/flær – flåene/flærne

plateau | Hochebene

flate, vidde | *Nå må vi bare over denne flåa her, så er vi framme ved hytta.*

Lignende ord: flå (-dde): dra skinnet av | *Han flådde reven og solgte skinnet.*

et forkle – forkleet – forklær – forklærne

apron | Schürze

klesplagg på forsiden av kroppen som beskytter andre klær | *Jeg har alltid på meg forkle når jeg baker brød.*

en fot – foten – føtter – føttene

foot | Fuß

nederste del av beinet | *Askepotts føtter passet akkurat i skoene.*

Lignende ord: en fot – foten – fot – fotene: lengdemål | *En fot er 30,48 cm.*

en franc – francen – franc – francene

franc | Franken

myntenhet i blant annet Sveits | *Bruker de euro eller franc i Sveits?*

en/et genus – genusen/genuset – genus/genera – genusene/generaene/genusa

grammatical gender | grammatisches Geschlecht

grammatisk kjønn | *Norsk har tre genera: Hankjønn, hunkjønn og intetkjønn.*

en/et glipp – glippen/glippet – glipp – glippene/glippa
en/et glepp – gleppen/gleppet – glepp – gleppene/gleppa
slip, blunder | Ausrutscher, Schnitzer
feil på grunn av manglende oversikt/kontroll | *Ved en glipp ble det bestilt 100 kg brunost i stedet for 10 kg.*

en/ei glo – gloen/gloa – glør – glørne
ember | Glut
noe som brenner uten flamme | *Det var helt mørkt i skogen, bare fra bålet lyste det fortsatt i noen glør.*

et gods – godset – gods/godser – godsene/godsa
estate; goods | Gut; Güter
1. herregård | *Fabian tenker på å kjøpe et gods i Provence.*
2. eiendeler, varer | *Askeladden i eventyret vant både prinsessa og gods og gull.*

en/ei gås – gåsen/gåsa – gjess/gjæser – gjessene/gjæsene
goose | Gans
gruppe fugler i andefamilien | *Kanadagjessene i Skandinavia stammer fra fugler som ble satt ut i Sverige i 1929 for jakt.*

ei hand – handa – hender – hendene
se → hånd

et handkle – handkleet – handklær – handklærne
se → håndkle

en hov – hoven – hover/høver – hovene/høvene
hoof | Huf
hornkapsel rundt ytterste tåledd på hestedyr | *Nå har jeg lært å stelle hest, ta på sal og rense høver.*
Lignende ord: et hov – hovet – hov – hovene/hova: hedensk gudshus | *Arkeologene fant spor av et hov i nærheten av kirken.*

en hovedstad – hovedstaden – hovedsteder – hovedstedene
capital | Hauptstadt
by med en stats regjering og administrasjon | *En gang var Bergen hovedstaden i Norge.*

en/ei hånd – hånden/hånda – hender – hendene
hand | Hand
armens ytterste del | *Hun synger at hun har en hånd i lomma og at hun vinker på en drosje med den andre.*
Lignende ord: → ei hand (variant av samme ord)

et håndkle – håndkleet – håndklær – håndklærne
towel | Handtuch
tøystykke til å tørke med | *Hele interiøret på badet var hvitt, bare håndklærne var røde.*
Lignende ord: → et handkle (variant av samme ord)

en jeans – jeansen – jeans – jeansene
jeans | Jeans
bukse av dongeristoff, olabukse | *Når jeg får lønn neste gang, skal jeg kjøpe meg en ny jeans.*

en jotun – jotnen/jotunen – jotner – jotnene
giant (in Norse mythology | Riese (in altnordischer Mythologie)
et slags troll som var menneskenes og gudenes fiende i norrøn mytologi | *For å få tilbake hammeren sin, lot Tor som han ville gifte seg med jotnen.*

en kart – karten – kart/karter – kartene
unripe berry, unripe fruit | unreife Beere, unreifes Obst
umodent bær, umoden frukt | *Ikke plukk moltekart!*
Lignende ord: → et kart

31

et kart – kartet – kart/karter **– kartene/**karta
map | (Land-)Karte
forminsket og forenklet bilde av en del av jordoverflaten | *Når du går i fjellet, må du ha med kart – men du må også kunne lese det!*
Lignende ord: → en kart

en kasus – kasusen – kasus/kasuser – kasusene
grammatical case | Kasus, Fall
grammatisk bøyningsform | *«Av gårde» og «til fots» er eksempler på rester av kasusene dativ og genitiv i norsk.*
Lignende ord: → et kasus

et kasus – kasuset – kasus – kasusene/kasusa
(medical) case | (medizinischer) Fall
(sykdoms-)tilfelle | *Det kom et merkelig kasus til legevakta i går.*
Lignende ord: → en kasus

et kinn – kinnet – kinn/kinner **– kinnene/**kinna
cheek | Backe
sideflate i ansiktet | *Etter den lange skituren hadde de fått en fin rødfarge i kinnene.*

en kjeks – kjeksen – kjeks – kjeksene
bisquit | Cracker, Keks
liten, flat, tørr kake | *Jeg elsker kjeks med sjokoladebiter.*

en/et klikk – klikken/klikket – klikk/klikker – klikkene/klikka
click; failure | Klick; Panne
1.lite, kort smell | *De hørte noen klikk fra kameraet i stillheten.*
2.feil | *Det skjedde en klikk under oppskytningen av romfergen.*
Lignende ord: en klikk – klikken – klikker – klikkene: gruppe mennesker som holder sammen | *Jeg fikk ikke være med i klikken.*

en/ei klo – kloen/kloa – klør – klørne
claw | Klaue, Kralle; Schere
1. negl hos diverse dyr og fugler | *Katten holdt ei mus mellom klørne sine.*
2. griperedskap hos noen sjødyr | *Pass deg for klørne til krabben!*

et kne – kneet – knær/kne – knærne/knea
knee | Knie
ledd mellom lår og legg | *Marit var en lovende håndballspiller helt til hun fikk problemer med knærne.*

en/et knekk – knekken/knekket – knekk – knekkene/knekka
bend, kink | Knick, Knacks
bøyning, sprekk, fysisk/psykisk skade | *Motivasjonen hennes fikk seg en knekk etter de dårlige resultatene i norgesmesterskapet.*

en kollega – kollegaen – kollegaer/kolleger – kollegaene/kollegene
colleague | Arbeitskollege/-kollegin
arbeidskamerat | *Jeg tar en pils med kollegene mine hver fredag etter arbeidstid.*

en konto – kontoen – kontoer/konti – kontoene/kontiene
account | Konto
kundeforhold i bank eller butikk | *Det går rykter om at han har noen hemmelige bankkonti i utlandet.*

en/ei kraft – kraften/krafta – krefter – kreftene
power | Kraft
energi, styrke | *Med sine siste krefter hvisket hun «Gi meg kaffe».*
Lignende ord: en kreft – kreften: ondartet tumor | *Dronning Maud døde av kreft.*

en/et krasj – krasjen/krasjet – krasj – krasjene/krasja
crash | Crash
kraftig sammenstøt | *Som ved et under overlevde han flykrasjet.*

en kreps – krepsen – kreps/krepser – krepsene
crayfish | Krebs
gruppe dyr som lever i vann | *Her på restauranten har vi selvfisket kreps på menyen.*

en/ei krå – kråen/kråa – krær – krærne
corner | Ecke
hjørne (inne i et rom) | *Borte i kråa satt bestemor og heklet.*

en/ei ku – kuen/kua – kuer/kyr – kuene/kyrne
cow | Kuh
storfe-hunn | *Ole steller godt med kyrne sine, og de gir mye melk.*

et kurs – kurset –kurs/kurser – kursene/kursa
course | Kurs
serie med undervisning i et tema/fag | *Etter bare tre måneder på kurs kunne Werner snakke ganske mye norsk.*
Lignende ord: en kurs – kursen – kurser – kursene: **1.** retning | *Vi holdt helt feil kurs og måtte gå en lang omvei.* **2.** pris på valuta eller aksjer | *Hvordan er dollarkursen for tida?*

et leksikon – leksikonet – leksika/leksikon/leksikoner – leksikaene/leksikonene/leksikona
encyclopedia | Lexikon
alfabetisk ordnet oppslagsverk | *Finnes det noen som går fra dør til dør og selger leksika i våre dager?*

et lem – lemmet – lemmer – lemmene/lemma

limb | (Körper-)Glied

bevegelig kroppsdel | *Etter tenniskurset hadde hun vondt i alle lemmer, særlig den høyre armen.*

Lignende ord: en lem – lemmen – lemmer – lemmene: plate til å stenge en åpning | *Under lemmen i golvet er trappa til kjelleren.*

en/ei lus – lusen/lusa – lus – lusene

louse | Laus

lite, blodsugende insekt | *Sjekk barna deres! Det har blitt oppdaget lus på skolen.*

en lyd – lyden – lyder/lyd – lydene

sound | Geräusch

noe man kan høre | *Det kommer noen rare lyder fra motoren.*

ei låg – låga – læger – lægene

fallen tree | umgefallener Baumstamm

gammelt, nedfalt tre | *Gammel skog kan ha læger i alle nedbrytningsstadier.*

Lignende ord:

- en låg – lågen – låger – lågene: utkok av planter | *Bad i einerlåg skal være bra mot gikt.*
- låg = lav: det motsatte av høy | *Himmelbjerget i Danmark er lågere enn Galdhøpiggen.*

en mann – mannen – menn – mennene

man | Mann

person av hankjønn | *Det er ikke så lett å være mann i våre dager.*

en/ei mark – marken/marka – merker – merkene
approx. half pound (250 g) | halbes Pfund
vektenhet (1/4 kg) | *Tidligere veide man nyfødte babyer i merker.*
Lignende ord:
* en/ei mark – marken/marka – marker – markene: skog-/gress-land | *Nordmarka i Oslo er et viktig friluftslivsområde.*
* en mark – marken – marker – markene: lite, ormlignende dyr | *Marker er litt ekle, men veldig nyttige for jorda.*

en maur – mauren – maur – maurene
ant | Ameise
lite insekt som lever i store samfunn | *Hver gang vi har piknik, blir vi angrepet av maur.*

en/ei mil – milen/mila – mil – milene
10 kilometers | 10 Kilometer
10 kilometer | *Nå må vi bare gå ei mil til, så er vi i Trondheim.*

en moder – moderen – mødre/mødrer – mødrene
mother (jocular or archaic) | Mutter (humoristisch oder veraltet)
mor (spøkefullt eller gammeldags) | *Jeg må spørre moderen først.*
Lignende ord: → mor

en modus – modusen – moduser/modi – modusene/modiene
mode; mood | Modus
1. tilstand, funksjon | *Det er mandag, men jeg føler meg fortsatt i helgemodus.*
2. grammatisk verbalkategori | *På norsk har vi modiene indikativ og imperativ, men ikke konjunktiv.*

en/ei mor – moren/mora – mødre/mødrer – mødrene
mother | Mutter
mamma, kvinnelig forelder | *Å være mor er ingenting for pyser.*
Lignende ord: → moder

36

en/ei mus – musen/musa – mus – musene
mouse | Maus
liten smågnager | *Jeg nekter å gå ned i kjelleren hvis det er mus der.*

en mygg – myggen – mygg – myggene
mosquito | Mücke
lite, blodsugende, flyvende insekt | *Om vinteren er det ikke så mye mygg på Finnmarksvidda.*

en/et møll – møllen/møllet – møll – møllene/mølla
moth | Motte
insekt, flyvende skadedyr | *Bunaden min har blitt spist av møll!*
Lignende ord: en/ei mølle – møllen/mølla – møller – møllene: anlegg for å knuse noe | *Bakeren gjør alt selv, han har til og med ei egen mølle for å male korn til mel.*

en/ei natt – natten/natta – netter – nettene
night | Nacht
den (vanligvis) mørke tida av døgnet | *Jeg elsker de lyse sommernettene i Norge.*

en/et nikk – nikken/nikket – nikk – nikkene/nikka
nod | Nicken
kort bøyning med hodet for å samtykke eller hilse | *Hun ga meg noen forsiktige nikk for å vise at hun var enig.*

en/ei not – noten/nota – nøter – nøtene
fishing net | Fischernetz
fiskenett | *Bare en enslig makrell sprellet i nota.*
Lignende ord: en note – noten – noter – notene: skrifttegn for musikk | *Jeg kan ikke lese noter, men spiller etter gehør.*

en/et nys – nysen/nyset – nys – nysene/nysa
sneeze | Niesen
det å nyse | *Franks nys hørtes alltid på lang avstand.*

en odds – oddsen – odds – oddsene
odds | Odds, (Gewinn-)Chance
(vinner-)sjanse | *Norge har dårlige odds for å bli verdensmester i fotball.*

et omen – omenet – omina/omen/omener – ominaene/omenene/omena
omen | Omen
varsel | *Togforsinkelsen var et dårlig omen for resten av ferien.*

et opus – opuset – opus – opusene/opusa
opus | Opus, Werk
kunstnerisk verk | *Nå er mitt første opus ferdig! Jeg har kalt det «Symfonisk dekonstruksjon».*

en peso – pesoen – peso/pesos – pesoene
peso | Peso
myntenhet i blant annet Mexico | *Etter ferien hadde jeg ikke en eneste peso igjen.*

en prosent – prosenten – prosent/prosenter – prosentene
percent | Prozent
1/100 | *Fra 1801 til 1875 økte befolkningen i Norge med 106 prosent.*

en pumps – pumpsen – pumps – pumpsene
pump | Pumps
elegant damesko | *Karianne har flere par joggesko enn pumps.*

en radius – radiusen/radien – radier – radiene
radius | Radius
avstanden fra sentrum til ytterkanten av en sirkel eller kule | *Hva er omkretsen av denne sirkelen når radien er 8 cm?*

en/ei rand – randen/randa – render – rendene
edge, brink; stripe | Rand; Streifen
1. kant | *Det virket som læreren var på randen av sammenbrudd.*
2. stripe | *Hun elsket den nye kjolen med rosa render.*

en/ei ro – roen/roa – roer/rør – roene/rørne
corner | Ecke
krok, hjørne | *Han la ikke merke til at det satt noen i den mørke roa.*
Lignende ord:
· en/ei ro – roen/roa: fred, hvile | *La meg nå endelig få litt ro!*
· et rør – røret – rør – rørene/røra: hul, sylinderformet gjenstand |
  De måtte grave opp veien for å legge nye rør.

ei rong – ronga – renger – rengene
frame (in ship) | Wrange, Spant
tverrplate som stiver av en båt | *Rengene er ganske viktige i båten.*

en/ei rot – roten/rota – røtter – røttene
root | Wurzel
del av plante som er nede i jorda | *Dette treet har enorme røtter.*
Lignende ord: et rot – rotet: kaos | *Rydd opp i rotet ditt nå!*

en russ – russen – russ – russene
high school graduate in Norway | Abiturient/-in in Norwegen
avgangselev ved videregående skole | *Jeg synes russen har oppført
seg ganske bra i år.*
Lignende ord: en russer – russeren – russere – russerne: person
fra Russland | *Naboen min er russer.*

en/ei rå – råen/råa – rær – rærne
yard (on sailing ship) | Rah, Rahe
horisontal stang på seilskip | *En fullrigger har rær på alle sine tre master.*

Lignende ord:
· en/ei rå – råen/råa – råer – råene: rådyrhunn | *De så ei rå med en kalv og gikk rolig en annen vei.*
· rå – rått – rå/råe: ukokt, ustekt | *Han elsker rå gulrøtter.*

et salt – saltet – salter – saltene/salta
salt | Salz
natriumklorid og lignende kjemiske forbindelser | *Hun hadde tilsatt altfor mye salt i sausen.*
Lignende ord: salt – salt – salte: som inneholder salt | *Det var deilig å bade i det salte havvannet.*

en shorts – shortsen – shorts/shortser – shortsene
shorts | Shorts
kort bukse | *Så snart det er varmere enn 15 grader ute, pleier Bernt å ta på seg shortsen.*

en/ei sild – silden/silda – sild/silder – sildene
herring | Hering
fisk (Clupea harengus) | *Silda var viktig for Bodøs vekst og utvikling.*

et skaft – skaftet – skaft/skafter – skaftene/skafta
handle, haft | Schaft, Griff
langt håndtak på verktøy eller våpen | *Han tok et godt tak i skaftet og svingte øksa.*

en/ei ski – skien/skia – ski/skier – skiene/skia
ski | Ski
lang planke til å gå på snø med | *Det sies at nordmenn er født med ski på beina.*
Lignende ord: en/ei ski/skie – skien/skia – skier – skiene: kløyvd trestykke | *Kan du legge to-tre skier i ovnen, Lars? Jeg fryser.*

en sko – skoen – sko – skoene/skoa
shoe | Schuh
fottøy | *Man kan aldri få for mange sko!*

en/et skratt – skratten/skrattet – skratt – skrattene/skratta
roaring laughter | schallendes Gelächter
høy latter | *Han leste noe på telefonen sin og satte i et skratt.*

en/et skrell – skrellen/skrellet – skrell – skrellene/skrella
crack, bang | Krach, Knall
smell, brak | *Rett etter lynet kom en skrell som fikk meg til å hoppe høyt.*
Lignende ord: et skrell – skrellet – skrell – skrellene: skall som er fjernet fra frukt og grønnsaker | *Kan du gå ut med bøtta med potetskrell?*

et skrift – skriftet – skrift/skrifter – skriftene/skrifta
publication, writing | Schrift
skriftlig tekst | *Jeg kjøpte Ibsens samlede skrifter på loppemarked.*
Lignende ord: en/ei skrift – skriften/skrifta – skrifter – skriftene: tegnsystem for framstilling av språk | *Apotekeren greide ikke å lese legens skrift.*

ei skåk – skåka – skjæker – skjækene
shaft (on carriage) | Deichsel
stenger som forbinder trekkdyr med slede | *Hesten øvde på å gå i skjæker.*

en slide – sliden – slides – slidesene
slide | Dia
lysbilde | *Vil du være med meg hjem og se på noen slides fra ferien?*

en/et slyng – slyngen/slynget – slyng – slyngene/slynga
winding; tangle | Windung; Verschlingung, Verdrehung
1. sving | *Trollstigen går i slyng oppover en bratt fjellside.*
2. sammenfiltring | *Tarmslyng er en alvorlig tilstand.*

en solo – soloen – soloer/soli – soloene/soliene
solo | Solo
(del av) musikkstykke for én stemme eller ett instrument | *Kan du øve inn denne soloen til neste uke?*
Lignende ord: solo (adverb): alene | *Sønnen min spilte solo i går.*

en stad – staden – steder – stedene
city | Stadt
by | *Roma kalles «den evige stad».*
Brukes nesten bare i sammensatte ord, → hovedstad.
Lignende ord: → sted

en stand – standen – stender – stendene
profession, trade | (Berufs-)Stand
yrkesgruppe | *Elektrikeren min er en skam for sin stand.*
Lignende ord:
· en stand – standen: tilstand, stilling | *Bilen min er i fryktelig dårlig stand.*
· en stand – standen – stander – standene (fra engelsk): avgrenset plass for å gi informasjon | *Firmaet vårt skal ha en stand på reiselivsmessen neste måned.*

en/ei stang – stangen/stanga – stenger – stengene
bar, pole | Stange, Pfosten
stake, lang stokk | *I dag er det kongens fødselsdag, du må gå ut til stanga og heise flagget!*

et sted – stedet – steder – stedene
place, spot | Ort
plass | *Nå vil jeg reise til et sted hvor jeg aldri har vært før.*
Lignende ord: → stad

en stimulus – stimulusen – stimuli – stimuliene
stimulus | Stimulus, Reiz
Noe som får sansene til å reagere | *Dagen i dyrehagen hadde vært så full av stimuli at Mia sovnet i bussen hjem.*

en/ei strand – stranden/stranda – strender – strendene
beach | Strand
landstripe langs vann | *Ola bygde sandslott på stranda hele ferien.*

et syn – synet – syn/syner – synene/syna
sight; vision | Sehen; Anblick; Vision
1. synssans | *Alma (100) hører fortsatt godt, men synet er dårlig.*
2. noe som man ser | *Det unge brudeparet var et flott syn.*
3. visjon, hallusinasjon | *I ørkenen så han syner om is og brus.*

et søsken – søskenet – søsken – søsknene/søskena
sibling | Geschwister
bror eller søster | *Morfaren min hadde ni søsken.*

en/ei tang – tangen/tanga – tenger – tengene
pair of tongs | Zange
redskap til å holde fast eller klippe med | *Da tannlegen tok fram tanga, fikk Vera høyere puls.*
Lignende ord: en/et tang – tangen/tanget: type alger i sjøen | *Han syntes det var ekkelt å bade der som det var så mye tang.*

en tanks – tanksen – tanks/tankser – tanksene
tank | Panzer
stridsvogn | *Det ble harde kamper da fiendens tanks krysset grensa.*
Lignende ord: en tank – tanken – tanker – tankene: lukket
beholder | *På teltturen hadde de med en tank med ti liter vann.*

en/ei tann – tannen/tanna – tenner – tennene
tooth | Zahn
tyggeredskap i munnen | *«Au, au, jeg har så vondt i tennene mine»,
sa Jens.*

en ting – tingen – ting – tingene/tinga
thing | Ding, Sache
sak, gjenstand | *Skrivebordet mitt er fullt av ting og papirer.*
Lignende ord: et ting – tinget – ting – tingene/tinga: forsamling av
valgte representanter | *Skøyteforbundet hadde ting med
representanter fra hele landet.*

et tre – treet – trær/tre – trærne/trea
tree | Baum
plante som er større enn en busk og har hard stamme | *De store
trærne var råtne og måtte felles.*

en tvil – tvilen – tvil – tvilene
doubt | Zweifel
usikkerhet | *Jeg har mine tvil om alt blir bedre med den nye
regjeringen.*

et tørkle – tørkleet – tørklær – tørklærne
scarf | Tuch
lite tøystykke | *Han pleide å ha et rødt tørkle rundt halsen.*

en/ei tå – tåen/tåa – tær – tærne
toe | Zeh
ytterste del av foten | *Han ble født med seks tær på hver fot.*

en/ei tåg – tågen/tåga – tæger – tægene
rootlet | Wurzelfaser
grein av rot | *Besteforeldrene mine hadde noen kurver som de*
hadde flettet av tæger.

en tått – tåtten – tåtter/tætter – tåttene/tættene
Norse short saga | altnordische Kurzsaga
kort fortelling i norrøn litteratur | *Tåtten om Torstein Oksefot*
handler om kampen mot hedenske troll.
Lignende ord: en tott – totten – totter – tottene: utvekst; tommel
| *Noen barn som ikke bruker smokk, suger på totten i stedet.*

en velt – velten – velt/velter – veltene
fall | Sturz
fall fra stående/sittende til liggende stilling | *Årets Tour de France*
var preget av flere stygge velt.

et verb – verbet – verb/verber – verbene/verba
verb | Verb
ordklasse for handling | *Nå vil jeg lære et språk som ikke har noen*
uregelmessige verb! Finnes det?

et verk – verket – verk/verker – verkene/verka
work | Werk
(ferdig utført) arbeid | *Jeg ville kjøpe Margit Sandemos samlede*
verker, men hadde ikke plass i bokhylla.
Lignende ord: en verk – verken – verker – verkene: smerte;
betennelse | *Jeg har fått en forferdelig tannverk!*

et våpen – våpenet – våpen – våpnene/våpna
weapon | Waffe
redskap til å skade eller drepe med | *Dette er politiet, legg ned*
våpnene og kom ut med hendene over hodet!

en yngel – yngelen – yngel – ynglene
fry | Fischbrut
fiskebarn | *Nesten all yngelen i elva døde på grunn av en bakterie.*

en øl – ølen – øl – ølene
beer | Bier
en porsjon (et glass, en flaske) øl | *Etter fire øl sovnet hun.*
Lignende ord: et øl – ølet – øl – ølene/øla: drikk av vann, malt,
humle og gjær | *Liker du det tsjekkiske ølet?*

en/et øre – øren/øret – øre – ørene
øre | Öre
skandinavisk myntenhet, 1/100 krone | *Da jeg var ung, da kostet en melkesjokolade bare 50 øre.*
Lignende ord:
· en øre – øren – ører – ørene: mynt med en bestemt verdi (i øre) | *Du kan ikke bruke femtiører i Norge lenger.*
· et øre – øret – ører – ørene: høreorgan | *Hun har utstående ører.*

et øye – øyet – øyne/øyer – øynene/øyene/øya
eye | Auge
sanseorgan for syn | *Han forelsket seg i hennes store, blå øyne.*
Lignende ord: en/ei øy – øyen/øya – øyer – øyene: stykke land
som er helt omgitt av vann | *Vi tar ofte båten ut til ei øy i Oslofjorden.*

et åkle – åkleet – åklær – åklærne
tapestry | Wandteppich
vevd veggteppe | *Til bryllupet fikk vi et åkle i svart og hvitt.*

en ås – åsen – æser – æsene
Norse god | Ase, altnordischer Gott
gud i norrøn mytologi | *Balder var den vakreste av alle æsene.*
Lignende ord: en ås – åsen – åser – åsene: skogkledt berg | *Om vinteren går jeg på ski på åsen hver helg.*

Regelmessig bøyning

Norske substantiver bøyes i ubestemt og bestemt form, entall og flertall.

	ubestemt entall	bestemt entall	ubestemt flertall	bestemt flertall
hankjønn	en bil	bilen	biler	bilene
	en hage	hagen	hager	hagene
hunkjønn	ei helg	helga	helger	helgene
	ei uke	uka	uker	ukene
intetkjønn	et hotell	hotellet	hoteller, hotell	hotellene, hotella
	et hus	huset	hus	husene, husa

I bestemt form entall ender hankjønn på -en, hunkjønn på -a og intetkjønn på -et. Ubestemt form flertall ender for alle kjønn på -er, bestemt form flertall ender på -ene.

Så godt som alle substantiver av hunkjønn kan behandles som hankjønn. Det er valgfritt om man vil skrive *ei helg – helga* eller *en helg – helgen*. Se også **stilnivåer** side 57.

Substantiver som ender på en ubetont -e, sløyfer denne -e-en før endelsene (*en hage – hagen* og ikke «*hageen*»).

Intetkjønn med bare én stavelse har ingen endelse i ubestemt form flertall: *et hus – fire hus*. Dette gjelder også når substantivet er siste del av et sammensatt ord: *et sommerhus – fire sommerhus*.

Intetkjønn med flere stavelser har endelsen -er i ubestemt form flertall: *et hotell – fem hoteller*. De *kan* også brukes uten endelse: *et hotell – fem hotell*, men dette er ikke så utbredt i bokmål.

Intetkjønn *kan* ha endelsen -a i bestemt form flertall, men endelsen -ene er vanligere, se **stilnivåer** side 57.

Regelmessige uregelmessigheter

Det finnes en rekke substantiver med en annen bøyning enn den som er beskrevet over, men som ikke er tatt med i tabellen her i boka. Det dreier seg om substantiver med bestemte endelser eller av bestemte kategorier som alltid bøyes på samme måte og som er så tallrike at de ville sprenge rammen for boka. Det lønner seg derfor å merke seg noen vanlige regler for disse kategoriene.

-é

en kafé	kaf**éen**, kaf**een**	kaf**éer**, kaf**eer**	kaf**éene**, kaf**eene**
et trofé	trof**éet**, trof**eet**	trof**éer**, trof**eer**, trofé	trof**éene**, troféa, trof**eene**, trofea

Substantiver på -é beholder -é-en i bøyningen. Foran endelser kan den stå med eller uten aksent.

-el

en engel	engelen	**engler**	**englene**
en tittel	tittelen	**titler**	**titlene**
et møbel	møbelet, **møblet**	**møbler**, møbel	**møblene**, møbla

Substantiver på en ubetont -el mister -e-en i flertall.

Når substantivet har en dobbeltkonsonant, må denne dobbelt-konsonanten forenkles i de bøyningsformene hvor -e-en i -el faller bort. Grunnen er en norsk rettskrivningsregel som sier at vi i de fleste tilfeller ikke skriver en dobbeltkonsonant foran en tredje konsonant. I stedet for «tittler» må det derfor hete titler.

En del substantiver på -el, særlig av intetkjønn, kan også miste -e-en i bestemt form entall, men de kan også skrives med -e-: et møbel – møbelet/møblet.

Mange intetkjønnsord på -el har også en alternativ form uten endelse i ubestemt form flertall: møbler/møbel.

-er

Det finnes enormt mange substantiver som ender på -er, og disse ordene har variert bøyning. Denne oversikten viser de vanligste bøyningsmønstrene. Ellers anbefales Bokmålsordboka: http://www.nob-ordbok.uio.no.

en lærer	læreren	lærere	lærerne
en sommer	sommeren	sommere, somrer, somre	sommerne somrene
en tiger	tigeren	tigere, tigrer	tigerne, tigrene

De fleste **hankjønnsord** på -er, blant annet alle person-betegnelser, har endelsene -e og -ne i flertall. Mange har andre, alternative bøyningsformer i tillegg, slik som *sommer* og *tiger*.

ei/en skulder	skuldra, skulderen	skuldre, skuldrer	skuldrene
ei/en seter	setra, seteren	setre, setrer	setrene

Hos **hunkjønnsord** faller -e-en i endelsen -er bort i flertall, og oftest også i bestemt form entall når hunkjønnsendelsen -a brukes. Endelsene i flertall er -e eller -er i ubestemt form og -ene i bestemt form.

et monster	monsteret, monstret	monster, monstre	monstrene, monstra
et teater	teateret, teatret	teater, teatre	teatrene, teatra
et krydder	krydderet	krydder, kryddere	krydderne, kryddera

Mange **intetkjønnsord** på -er, slik som *monster* og *teater*, mister -e-en i flertall og i bestemt form entall på samme måte som hunkjønnsord. I ubestemt form flertall kan man velge mellom ingen endelse og endelsen -e. Det finnes imidlertid andre intetkjønnsord som bøyes på samme måte som hankjønnsord på -er, slik som *krydder*. Atter andre intetkjønnsord har andre bøyningsmønster. For å være helt sikker, lønner det seg å se i ordboka.

et ... -eum, -ium

et museum	museet	museer	museene, musea
et studium	studiet	studier	studiene, studia
et kalsium	kalsiumet	–	–

Intetkjønnsord på -eum og -ium mister -um når de bøyes. Men grunnstoffer bøyes regelmessig. De finnes bare i entall.

-m

en klem	klemmen	klemmer	klemmene
et lam	lammet	lam	lammene

Substantiver på -m etter kort vokal får -mm- når de bøyes. Dette er en følge av en norsk rettskrivningsregel som sier at et ord aldri kan ende på to m-er. Selv om man egentlig kunne forvente at det heter «klemm» fordi vokalen er kort, må m-en til slutt i ordet forenkles.

Denne regelen gjelder bare for m. Alle andre konsonanter kan stå dobbelt i enden av et ord: en klegg – kleggen – klegger – kleggene.

mål og vekt

en liter	literen	liter	literne
en/et kilo	kiloen, kiloet	kilo	kiloene, kiloa

De fleste typer mål og vekt har ingen endelse i ubestemt form flertall.

Unntak er noen eldre eller utenlandske måleenheter: en favn – favner, en tomme – tommer, en acre – acre/acres, en mile – miles, en pint – pints.

et ... -um

et faktum	faktumet	fakta	faktaene
et forum	forumet	fora, forumer	foraene, forumene, foruma

Nesten alle intetkjønnsord på -um har -a i flertall, slik som *faktum*. Mange kan ha en regelmessig flertallsbøyning i tillegg, slik som *forum*.

et konsum	konsumet	**konsum**	konsumene, konsuma

Fire intetkjønn på -um har ingen endelse i ubestemt form flertall: *konsum, lirumlarum, praktikum* og *universum*.

et album	albumet	albumer, album	albumene, albuma

Bare *unikum, vakuum* og *volum* bøyes fullstendig regelmessig som *album*.

Hvilket kjønn har substantivet?

Det er viktig å vite hvilket kjønn et substantiv har – hankjønn, hunkjønn eller intetkjønn – for å bruke det grammatisk korrekt. Dessverre er det umulig å sette opp regler for fordelingen av kjønn, eller rettere sagt, *nesten* umulig! Bare i noen tilfeller, nemlig når substantivene har bestemte endelser, kan man si med relativt stor sikkerhet om det skal hete *en, ei* eller *et*. Det finnes enkelte unntak som har andre kjønn. Der ikke annet er nevnt, er de opplistede unntakene de *eneste* unntakene. Legg merke til at substantivgruppene som er nevnt her, ikke nødvendigvis er uregelmessige – de aller fleste har regelmessig bøyning.

en ... -ade
Eksempler: *en ambassade, en sjokolade, en spade.*
(Unntak: *en/ei dryade, en/ei najade*)

en ... -ans
Eksempler: *en dans, en instans, en substans.*

en ... -anse
Eksempler: *en distanse, en nyanse, en sjanse.*
(Unntak: *en/ei lanse*)

en ... -ant
Eksempler: *en demonstrant, en diamant, en kant, en slant.*
(Unntak: *et gevant, et kvant, et spant, et vant*)

en ... -asje
Eksempler: *en bagasje, en massasje, en reportasje.*

en ... -dom
Eksempler: *en barndom, en rikdom, en sykdom.*
(Unntak: *et kondom*)

et ... -dømme
Eksempler: *et herredømme, et kongedømme, et omdømme.*

en ... -else
Eksempler: *en anelse, en følelse, en overraskelse.*
(Unntak: *en/ei helse, et spøkelse, et værelse*)

en ... -ens
Eksempler: *en frekvens, en ingrediens, en lisens.*
(Unntak: *et nonsens, et presens*)

en ... -ent
Eksempler: *en agent, en klient, en pasient.*
(Unntak: *et kontinent, et patent, et talent*)

en ... -ert
Eksempler: *en dessert, en koffert, en vert.*

en (ei) ... -het
Eksempler: *en frihet, en kjærlighet, en leilighet.* Alle disse
substantivene kan også brukes i hunkjønn, men i skriftlig bokmål
er bruken av hankjønn mest utbredt.

en ... -i
Eksempler: *en energi, en fantasi, en sjalusi* og mange flere, blant
annet alle ord på *-fili, -fobi, -logi, -nomi.*
(Det finnes likevel en rekke unntak, som alle har intetkjønn. Noen
av de viktigste er *et alibi, et byråkrati, et geni, et godteri, et losji, et
parti, et politi.*)

en ... -ie
Eksempler: *en familie, en ferie, en hippie.*
(Unntak: *en/ei bie, en/ei historie, en/ei kaie, en/ei sklie, en/ei smie*)

en ... -ikk
Eksempler: *en fabrikk, en grammatikk, en logikk.*
(Unntak: *et bestikk, et blikk, en/et klikk, en/et nikk, et stikk, et
vrikk*)

en/ei ... -ing; en ... -ning
De aller fleste av de svært tallrike substantivene på -ing er av hunkjønn, men de brukes ofte i hankjønn: *en/ei betaling, en/ei dronning, en/ei regjering.*
Et antall substantiver på -ing kan bare brukes i hankjønn, for eksempel *en camping, en tvilling, en utlending.*
Alle substantiver på -ning er hankjønn: *en avslutning, en bygning, en løsning.*

en ... -is
Eksempler: *en kjendis, en lakris, en praksis.*
(Unntak: *en/ei avis, et chassis, et paradis*)

en ... -isme
Eksempler: *en kommunisme, en magnetisme, en optimisme.*
(Unntak: *et prisme*)

en ... -ist
Eksempler: *en egoist, en optimist, en turist.*

en ... -itet
Eksempler: *en antikvitet, en elektrisitet, en spesialitet.*
(Unntak: *et admiralitet, et universitet*)

et ... -ment
Eksempler: *et departement, et element, et temperament.*
(Unntak: *en kompliment, en konsument, en sement*)

en ... -nad
Eksempler: *en bunad, en dugnad, en søknad.*

en ... -ong
Eksempler: *en ballong, en kartong, en perrong.*

en ... -sjon
Eksempler: *en diskusjon, en leksjon, en nasjon.*

Forklaringer og utdypninger

artikkel
Artikkelen i ubestemt form entall viser hvilket grammatisk kjønn substantivet har. Hankjønn: *en*, hunkjønn: *ei*, intetkjønn: *et*.

bestemt form
Bestemt form av substantivet (*mannen, mennene*) brukes først og fremst (men ikke bare) når man forteller om noe som allerede er introdusert: *Jeg traff en mann på bussen.* **Mannen** snakket om været.

betydning
Hovedbetydningen(e) til hvert substantiv er kort forklart i bokas andre hoveddel «Mer om substantivene». Det kan finnes flere andre bruksområder for substantivet enn dem som er oppført her. For en mer utførlig opplisting anbefales Bokmålsordboka: http://www.nob-ordbok.uio.no

bokmål
Det finnes to offisielle norske skriftspråk: bokmål og nynorsk. Bokmål er det mest utbredte av disse. I denne boka blir bare substantiver i bokmål behandlet.

bøyning
Fleksjon. Når vi setter substantivet i ubestemt og bestemt form, entall og flertall, sier vi at vi bøyer det.

dobbeltkonsonant
To like konsonanter etter hverandre, for eksempel i *glipp, mann, tittel*.

entall
Singular, forkortet Sg. Når det finnes bare ett eksemplar: *et sted, stedet*.

55

flertall
Plural, forkortet Pl. Når det finnes to eller flere eksemplarer: *steder, stedene.*

grå skrift
Substantiver og bøyningsvarianter i grå skrift er tillatt, men brukes nesten aldri i skriftlig bokmål. De *kan* være mer brukt i nynorsk og/eller dialekter, men det dreier seg like ofte om substantiver/varianter som er lite kjent blant nordmenn flest. Dette trenger likevel ikke å bety at alle former som står med svart skrift er ofte brukt i skriftlig bokmål. Noen er i vanlig bruk, andre er noe sjeldnere. Se også → stilnivåer og → valgfrie former.

hankjønn
Maskulinum. Substantiver med den ubestemte artikkelen *en*: *En mann, en mygg, en vaffel.*

hunkjønn
Femininum. Substantiver med den ubestemte artikkelen *ei*: *Ei dame, ei sol, ei ku.*

intetkjønn
Nøytrum. Substantiver med den ubestemte artikkelen *et*: *Et barn, et hus, et tog.*

kjønn
Genus, grammatisk kjønn. Norske substantiver kan ha tre kjønn: → hankjønn, → hunkjønn og → intetkjønn.

konsonant
Medlyd, lyd som blir laget ved at luftstrømmen i munnhulen stoppes eller hindres. Norske konsonanter: b c d f g h j k l m n p q r s t v w x z.

regelmessige substantiver
Regelmessige substantiver er omtalt på side 47.

rettskrivning

Substantivtabellene baserer seg på den offisielle norske rettskrivningsnormen slik den var representert i Bokmålsordboka høsten 2014 (http://www.nob-ordbok.uio.no).

stavelse

En del av et ord som inneholder én vokal (*a e i o u y æ ø å*) eller én diftong (*ai au ei øy*). Et ord kan bestå av én stavelse (*brev, feil*) eller flere (*pro-sent, brev-e-ne*). Antall stavelser har en betydning for regelmessig bøyning av substantiver: Intetkjønnsord med én stavelse har ingen endelse i ubestemt form flertall, se side 47.

stilnivåer

Å bestemme seg for en av de mange → valgfrie formene i norsk er for nordmenn et spørsmål om personlige preferanser og hvor formell eller uformell en tekst skal være. For dem som lærer norsk som fremmedspråk og ikke har så mye erfaring med språket ennå, er det vanskeligere å velge.

Nesten alle hunkjønnsord kan også brukes i hankjønn: I stedet for «ei ku» er det tillatt å skrive «en ku». Det er vanlig å bruke noen av hunkjønnsordene i hunkjønn og andre i hankjønn, men det varierer fra person til person hvilke ord som får hun- og hankjønn. Ett og samme ord kan også «skifte kjønn» når det bøyes: Det er ikke uvanlig at en person som skriver «en ku» i ubestemt form, foretrekker «kua» i bestemt form!

Er man som utlending usikker på hvilket kjønn man skal velge, kan det lønne seg å bruke hankjønnsformen i skriftlige tekster. Bruk av hunkjønnsformer i ord som blant nordmenn oftest skrives med hankjønn kan gi teksten et svært uformelt og muntlig preg.

Av samme grunn lønner det seg å skrive endelsen *-ene* og ikke *-a* i bestemt form flertall av intetkjønnsord, for eksempel *krasjene* og ikke *krasja*. I muntlig norsk er *-a*-endelsene i bestemt form flertall utbredt. Skriftlig er de imidlertid heller sjeldne – selv om de altså er tillatt – og gjør at teksten virker uformell og muntlig.

substantiv
Navnord, nomen. Ord som refererer til ting, hendelser, steder, fenomener og så videre. På norsk kjennetegnes substantiver av at de kan ha ubestemt og bestemt artikkel (**et** hus, hus**et**) og at de kan beskrives av adjektiver (et **stort** hus, det **store** huset).

ubestemt form
Ubestemt form av substantivet (*en mann, menn*) brukes først og fremst (men ikke bare) for å introdusere noe nytt: *Jeg traff* **en** **mann** *på bussen. Mannen snakket om været.*

uregelmessig substantiv
I denne boka menes med *uregelmessig* alle substantiver som ikke bøyes som de regelmessige substantivene som er omtalt på side 45. Dette betyr ikke at de «uregelmessige» substantivene ikke følger noen (språkhistoriske) regler, men i praksis må man lære bøyningsformene for hvert enkelt ord for seg.

Det finnes flere typer «uregelmessigheter»:
- Vokalveksel: Substantivet har en annen vokal i flertall enn i entall. *et kne – kneet – knær – knærne.*
- Endelser: Et substantiv i intetkjønn med én stavelse har endelse i ubestemt form flertall: *et sted – mange sted***er***.
- Ingen endelser: Et substantiv i han- eller hunkjønn mangler endelse i ubestemt form flertall: *en maur – tusen* **maur**.
- Fremmedord: Endelser som stammer fra for eksempel engelsk eller latin: *en konto – flere konti.* *s*-endelser fra engelsk brukes ofte også i entall: *en pumps – to pumps.*

Mange av substantivene i oversikten har flere → valgfrie former, og en del av disse kan bøyes både regelmessig og uregelmessig. I mange tilfeller er det den regelmessige bøyningen som er mest brukt, men substantivene er likevel tatt med for fullstendighetens skyld. Dette gjelder særlig en del substantiver som kan ha flere kjønn. For eksempel kan man skrive både *en fjøs* og *et fjøs; et fjøs* er vanligst. Ubestemt form flertall, *fjøs*, er regelmessig for intetkjønnsformen, men uregelmessig hvis man bruker den sjeldnere hankjønnsformen. Slike substantiver som bare er uregelmessige hvis man velger de sjeldnere bøyningsformene, er markert med en * stjerne i tabellen.

valgfrie former
Mange substantiver har flere alternative former som alle kan brukes i bokmål. Ubestemt form flertall av *datter* er for eksempel *døtre/døtrer*. Hvis en av formene (her: *døtrer*) står med grå skrift, betyr det at den er relativt lite brukt i skriftlig bokmål. Står begge formene med svart skrift (for eksempel *blad/blader*), er begge i relativt normal bruk. Se også → stilnivåer for flere tips.

En sjelden gang blir ulike bøyningsformer brukt på ulike områder. Dette er tilfellet for *fjær/fjærer*, noe som beskrives nærmere i kapittelet «Mer om substantivene» på side 28.

vokal
Selvlyd, lyd som lages uten at luftstrømmen hindres på vei ut av munnen. Norske vokaler: *a e i o u y æ ø å*.